O POETA APRENDIZ

UMA CANÇÃO DE
VINICIUS DE MORAES
E TOQUINHO

CANTADA E ILUSTRADA POR
ADRIANA CALCANHOTTO

100 ANOS
VINICIUS
DE MORAES

Copyright do poema "O poeta aprendiz" [p. 33] © 2003 by V. M. Produções, Publicidade e Participações Ltda.
Copyright da canção "O poeta aprendiz" © 2003 by Vinicius de Moraes / Toquinho e Tonga BMG
Copyright das ilustrações © 2003 by Adriana Calcanhotto

Grafia atualizada segundo o Acordo Ortográfico da Língua Portuguesa de 1990, que entrou em vigor no Brasil em 2009.

Preparação | Paulo Werneck

Revisão musical | Ivan Noda

Revisão | Paula Colonelli
| Renato Potenza Rodrigues

Atualização ortográfica | acomte

Crédito das imagens | p. 31, Vinicius aos quinze anos
| p. 47, *Retrato de Vinicius de Moraes* (1938), óleo sobre tela colada em madeira
| de Candido Portinari. 56 x 46,5 cm. Rio de Janeiro, coleção particular.
| Copyright © by João Candido Portinari.

O CD O poeta aprendiz *é parte integrante deste livro e não pode ser vendido separadamente.*

Dados Internacionais de Catalogação na Publicação (CIP)
(Câmara Brasileira do Livro, SP, Brasil)

Moraes, Vinicius de, 1913-1980.
    O poeta aprendiz / Vinicius de Moraes, Toquinho ; cantada e ilustrada por Adriana Calcanhotto. — 1ª ed. — São Paulo : Companhia das Letrinhas, 2003.

    ISBN 978-85-7406-132-0

    1. Poesia — Literatura infantojuvenil I. Toquinho. II. Calcanhotto, Adriana. III. Título.

03-4455   CDD-028.5

Índices para catálogo sistemático:
1. Poesia : Literatura infantojuvenil 028.5
2. Poesia : Literatura infantil 028.5

5ª reimpressão

2013

Todos os direitos desta edição reservados à
EDITORA SCHWARCZ S.A.
Rua Bandeira Paulista, 702, cj. 32
04532-002 — São Paulo — SP — Brasil
Telefone: (11) 3707-3500
Fax: (11) 3707-3501
www.companhiadasletrinhas.com.br
www.blogdacompanhia.com.br

Esta obra foi composta em Adobe Jenson e na letra de Adriana Calcanhotto, teve suas imagens escaneadas pela Graphbox•Caran, seus arquivos processados em CTP e foi impressa pela RR Donnelley em ofsete sobre papel Couché Reflex Matte da Suzano Papel e Celulose para a Editora Schwarcz em setembro de 2013

A marca FSC® é a garantia de que a madeira utilizada na fabricação do papel deste livro provém de florestas que foram gerenciadas de maneira ambientalmente correta, socialmente justa e economicamente viável, além de outras fontes de origem controlada.

SUMÁRIO

A CANÇÃO 9

O POEMA 33

A MÚSICA 34

A HISTÓRIA 40

AS PALAVRAS 41

OS AUTORES 44

A LETRA 48

PARA NINA

E ANA D, JOÃO PEDRO, MARIA LUIZA, DIANA, EMILIO, JOÃO E JÚLIA

Ele era um menino
valente e caprino
um pequeno infante
sadio e grimpante

ANOS TINHA DEZ
E ASAS NOS PÉS

COM CHUMBO E BODOQUE ERA PLIC E PLOC

O OLHAR VERDE-GAIO
PARECIA UM RAIO

PARA TANGERINA

MENINA

PIÃO OU

SEU CORPO MORENO
VIVIA CORRENDO

PULAVA NO ESCURO
NÃO IMPORTA QUE MURO

SALTAVA DE ANJO
MELHOR QUE MARMANJO

E DAVA O MERGULHO
SEM FAZER BARULHO

EM BOLA DE MEIA
JOGANDO DE MEIA-DIREITA OU DE PONTA
PASSAVA DA CONTA
DE TANTO DRIBLAR

AMAVA ERA AMAR

AMAVA LEONOR
MENINA DE COR

AMAVA AS CRIADAS
 VARRENDO AS ESCADAS
  AMAVA AS GURIAS
   DA RUA, VADIAS

AMAVA SUAS PRIMAS
COM BEIJOS E RIMAS

AMAVA SUAS TIAS
DE PELES MACIAS

AMAVA AS ARTISTAS
DAS CINE-REVISTAS
AMAVA A MULHER
A MAIS NÃO PODER

POR ISSO FAZIA
SEU GRÃO DE POESIA

E ACHAVA BONITA
A PALAVRA ESCRITA

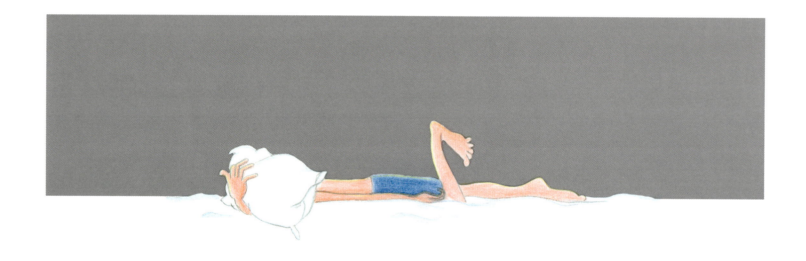

POR ISSO SOFRIA
DE MELANCOLIA

SONHANDO O POETA
QUE QUEM SABE UM DIA

PODERIA SER.

O POETA APRENDIZ

VINICIUS DE MORAES

Ele era um menino
Valente e caprino
Um pequeno infante
Sadio e grimpante.
Anos tinha dez
E asinhas nos pés
Com chumbo e bodoque
Era plic e ploc.
O olhar verde-gaio
Parecia um raio
Para tangerina
Pião ou menina.
Seu corpo moreno
Vivia correndo
Pulava no escuro
Não importa que muro
E caía exato
Como cai um gato.
No diabolô
Que bom jogador
Bilboquê então
Era plim e plão.
Saltava de anjo
Melhor que marmanjo
E dava o mergulho
Sem fazer barulho.
No fundo do mar
Sabia encontrar
Estrelas, ouriços
E até deixa-dissos.
Às vezes nadava
Um mundo de água
E não era menino
Por nada mofino
Sendo que uma vez
Embolou com três.
Sua coleção
De achados do chão
Abundava em conchas
Botões, coisas tronchas
Seixos, caramujos
Marulhantes, cujos
Colocava ao ouvido
Com ar entendido
Rolhas, espoletas
E malacachetas
Cacos coloridos
E bolas de vidro
E dez pelo menos
Camisas de vênus.
Em gude de bilha
Era maravilha
E em bola de meia
Jogando de meia-
-Direita ou de ponta
Passava da conta
De tanto driblar.
Amava era amar.
Amava sua ama
Nos jogos de cama
Amava as criadas
Varrendo as escadas
Amava as gurias
Da rua, vadias
Amava suas primas
Levadas e opimas
Amava suas tias
De peles macias
Amava as artistas
Das cine-revistas
Amava a mulher
A mais não poder.
Por isso fazia
Seu grão de poesia
E achava bonita
A palavra escrita.
Por isso sofria.
Da melancolia
De sonhar o poeta
Que quem sabe um dia
Poderia ser.

Montevidéu, 02/11/1958
(Publicado no livro *Para viver um grande amor*)

O POETA APRENDIZ

34

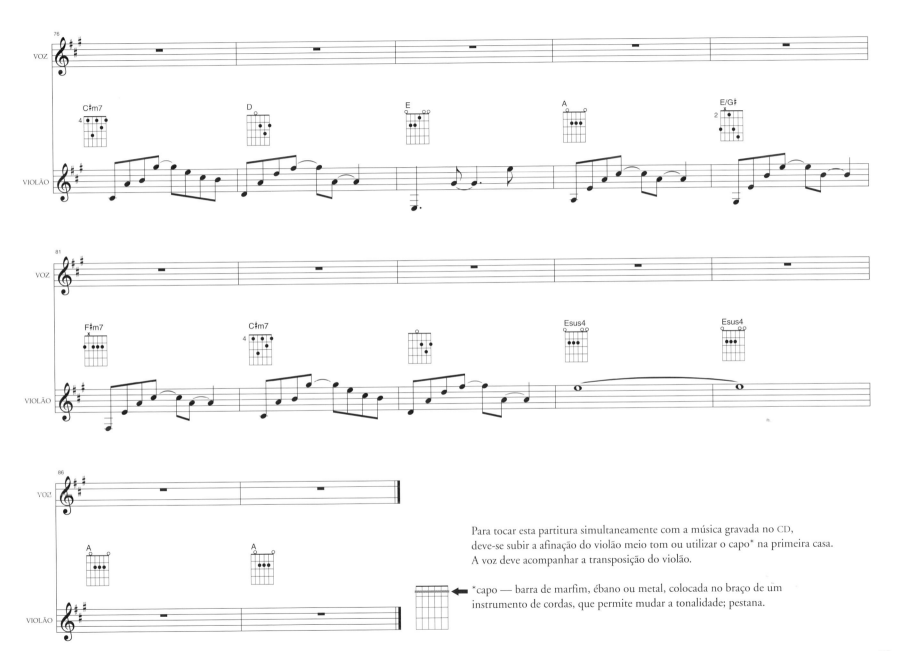

Para tocar esta partitura simultaneamente com a música gravada no CD, deve-se subir a afinação do violão meio tom ou utilizar o capo* na primeira casa. A voz deve acompanhar a transposição do violão.

*capo — barra de marfim, ébano ou metal, colocada no braço de um instrumento de cordas, que permite mudar a tonalidade; pestana.

A HISTÓRIA

Vinicius de Moraes escreveu a primeira versão de "O poeta aprendiz" em Montevidéu, capital do Uruguai, em 1958. Em 1962, o poema foi incluído no livro *Para viver um grande amor*, volume de crônicas e poemas que reunia a produção do autor de 1957 a 1960. Depois de alguns anos, "O poeta aprendiz" se transformaria em canção, em parceria com Toquinho, e, mais tarde, neste livro-disco, concebido por Adriana Calcanhotto como um presente para Nina, sua afilhada e bisneta de Vinicius.

A canção era um projeto de Toquinho, que em 1968, na Itália, começou a musicar um trecho do poema. Para conseguir encaixar as palavras na melodia, adaptou versos, mudou estrofes, suprimiu alguns pedaços. Mas musicar um poema não é tarefa fácil: Toquinho levou algum tempo trabalhando, sem coragem de mostrar o trabalho ao poeta ou mesmo lhe dizer que estava compondo uma melodia para "O poeta aprendiz". Quando se viu diante de um impasse que o impedia de continuar a composição, Toquinho se rendeu: contou ao parceiro e lhe pediu ajuda.

Vinicius gostou tanto da ideia que eles trabalharam juntos na adaptação para a música, e chegaram à segunda versão do poema. A canção foi gravada pela dupla no disco *Toquinho e Vinicius*, de 1971.

AS PALAVRAS

Glossário é uma lista que, às vezes, é incluída no final dos livros, como um apêndice, para explicar o significado de algumas palavras usadas no texto.

Este não é um glossário-dicionário, que dá apenas os sinônimos ou explicações de cada palavra; é um glossário que chama a atenção para algumas expressões, curiosidades e coisas interessantes que Vinicius de Moraes citou em "O poeta aprendiz".

Mas não custa lembrar que, no final das contas, quem dá o sentido das palavras deste poema de Vinicius (e de qualquer poema, aliás) é o leitor — pois isso é o mais interessante na leitura de um poema.

BILBOQUÊ, BODOQUE, DIABOLÔ Em "O poeta aprendiz", Vinicius menciona alguns brinquedos antigos, como pião e bola de meia, muito comuns quando ele era pequeno, mas que hoje em dia são cada vez mais raros. É o caso do *bilboquê*, que é uma bola com um furo, amarrada por um barbante a um bastão pontudo. A bola deve ser lançada para cima; ao cair, ela deve ser encaixada no bastão, exatamente no furo.

Outro brinquedo antigo é o *bodoque*, que é a mesma coisa que "estilingue" ou "atiradeira". Em geral o bodoque era feito pelas crianças mesmo, apenas com um galho em forma de Y, e um elástico preso nas pontas de cima. Era usado para arremessar pedras, chumbinhos (como faz o poeta aprendiz) e outros objetos.

O *diabolô* também era um brinquedo comum na infância de Vinicius. É feito com um fio preso em duas varetas, uma em cada extremidade, e uma peça em formato de carretel, com o centro mais fino, que se equilibra no fio. A brincadeira consiste em girar o carretel somente com o manuseio das varas, atirando-o para o alto e apanhando-o novamente, fazendo malabarismos. Ainda é muito popular na Europa.

CAMISA DE VÊNUS Os romanos chamavam Afrodite, a deusa grega do amor, de Vênus. Essa deusa acabou emprestando seu nome a várias coisas relacionadas ao amor — entre elas, o preservativo, ou camisinha, que também é chamado de *camisa de vênus*.

CINE-REVISTA Para entender o que é *cine-revista*, é preciso saber o que é *teatro de revista*. Esse foi um tipo de teatro muito popular no Brasil desde o final do século XIX até a metade do século XX. Com muita música, dança, fantasia, humor e mulher bonita, o teatro de revista agradava a vários tipos de público, desde pessoas bem simples até as mais ricas. O próprio presidente Getúlio Vargas era conhecidamente um grande fã.

As "revistas", como também eram chamadas essas peças, faziam uma sátira do cotidiano, ou seja, ironizavam e criticavam os acontecimentos sociais e políticos com muita brincadeira. As cine-revistas eram os filmes inspirados em peças de teatro de revista. Esse tipo de cinema foi muito popular no Brasil — mas, com o surgimento da televisão e a concorrência dos filmes de Hollywood, acabou desaparecendo.

COISAS TRONCHAS *Troncho* significa "mutilado", "quebrado", "torto", "malfeito". No poema, as "coisas tronchas" são provavelmente quinquilharias que o menino havia pego no chão; pequenos objetos quebrados, ou pedaços deles, que ele colecionava.

EMBOLAR Esta é mais uma palavra que tem diversos sentidos, todos relacionados a "bola": tanto pode ser o ato de colocar bolas nos chifres dos bois ou vacas, quanto rolar no chão feito bola, ou encher-se de caroços no corpo, ou brigar, se engalfinhar com alguém, rolando pelo chão.

ESPOLETA é um tipo de explosivo que serve para acionar armas de fogo, e que muitas vezes é usado em revólveres de brinquedo, para simular o barulho de um tiro. Por isso, a palavra acabou virando uma forma de qualificar as crianças irrequietas, malandrinhas, de comportamento "explosivo", que vivem sempre aprontando alguma coisa.

GRIMPANTE O adjetivo *grimpante* vem do verbo "grimpar", que significa "trepar" ou "saltar". Essa palavra não está em todos os dicionários; o verbo é mais conhecido e mais usado que o adjetivo. Mas os poetas fazem isto mesmo: ao usar palavras mais raras, renovam seus significados e lhes dão diferentes usos e sentidos. É aí que está muito da importância e graça da poesia: na brincadeira com as palavras.

GUDE DE BILHA O mesmo que jogo de bola de gude.

INFANTE é aquele que está na infância, ou seja, criança. Os filhos dos reis da Espanha e Portugal que não eram os herdeiros do trono também eram chamados de "infantes".

MALACACHETA é o nome popular da mica, um mineral muito comum, que é usado para diversos fins. Por exemplo: muitas casas têm o piso e as pias revestidos com granito, uma rocha constituída principalmente por três diferentes minerais: quartzo, mica e feldspato. É possível identificar facilmente a mica: são as pequenas partes brilhantes que reluzem no granito. O menino do poema de Vinicius pode ter encontrado esse mineral, por exemplo, em alguma construção (no meio daqueles montes de areia), e ter pegado um pedaço por ter gostado de seu brilho.

MARULHANTES Se somarmos as palavras "mar" e "barulho" temos... marulho, palavra que deu origem a *marulhante*. Marulho é o movimento incessante das águas do mar, e também o barulho que ele produz, que pode ser ouvido quando encostamos no ouvido conchas do mar e caramujos, como faz o menino do poema de Vinicius.

CAPRINO vem de *cabra*. Existem muitas palavras derivadas de cabra — entre elas, cabriola, que é o mesmo que "cambalhota", e *caprino*, que significa "semelhante a cabra" e também "namorador".

MOFINO Esta é uma dessas palavras que nos deixam ainda mais confusos quando vamos ao dicionário, tantos são os significados diferentes que ela pode ter. Como adjetivo, pode significar: infeliz, desfortunado, desgraçado, que in-

comoda, turbulento, importuno, avarento, ganancioso, sovina, mesquinho, acanhado, doentio, enfermiço... e também covarde!

OPIMAS *Opimo* é um adjetivo. Tem origem na palavra *opimus*, que em grego significa "gordo", "bem nutrido". Em português, *opimo* ganhou o sentido figurado de "excelente", "fértil", "de grande valor".

SEIXOS são pedras que vão sendo arrastadas pela correnteza dos rios até ganhar uma forma arredondada e lisa, muitas vezes branca. Muitos jardins, pisos e até vasos são enfeitados com seixos.

TANGERINA é o fruto da tangerineira, que é uma árvore da família das rutáceas, originária da China. A fruta é de cor amarelo-forte e a polpa é ligeiramente ácida e aromática. Nas diversas regiões do Brasil, é conhecida como bergamota, vergamota, mexerica, mandarina, mimosa ou laranja-cravo.

VERDE-GAIO *Gaio* vem de *gai*, que em francês significa "alegre". Em inglês, existe a palavra *gay*, que tem esse mesmo sentido de felicidade, alegria. O verde-gaio é uma cor específica, que não poderia deixar de ser um verde-claro e vivo.

OS AUTORES

Desde criança VINICIUS DE MORAES queria ser poeta, se bem que depois de adulto acabou também fazendo muitas outras coisas. Ele nasceu no dia 19 de outubro de 1913 na chácara de sua avó, no Jardim Botânico, Rio de Janeiro — contam que era uma noite de tempestade e que ele quase morreu. Era o segundo de quatro irmãos, todos com nomes em latim — Lygia, Laetitia, Helius e Marcus Vinitius, que ele mais tarde trocou para Vinicius. O pai dele, Clodoaldo Pereira da Silva Moraes, era funcionário público e professor de latim e de violino. Clodoaldo também escrevia versos, e na casa deles sempre tinha música. Dona Lydia, a mãe de Vinicius, tocava piano bem, e no domingo depois do almoço a família toda se juntava e ficava cantando; tinha samba, chorinho, uns foxtrotes e umas valsas que dona Lydia cantava numa voz fininha.

Vinicius estudou no colégio Santo Inácio, onde era membro do coral da igreja. Com catorze anos armou uma banda com os irmãos Tapajós e começou a compor suas primeiras canções. Enquanto as crianças cresciam, a família Moraes morou um tempo em Botafogo, depois na ilha do Governador, e por fim na rua das Acácias, na Gávea. Sobre que *tipo* de menino Vinicius de Moraes era, é melhor ler e ouvir "O poeta aprendiz". O que ele não diz, mas a gente vê, e é superlegal, é que Vinicius gostava de pessoas e coisas de *tudo quanto é tipo*. Olha só a lista de namoradas.

Vinicius fez faculdade de direito e com dezenove anos publicou seu primeiro livro de poesia, *O caminho para a distância*. Ao mesmo tempo, foi conhecendo outros poetas, escritores, pintores e arquitetos do movimento modernista. Em 1938, ganhou uma bolsa para estudar inglês e literatura na Universidade de Oxford, na Inglaterra. Em 1939, estourou a Segunda Guerra Mundial e ele voltou para o Brasil; logo depois entrou para o Itamaraty, foi ser diplomata. Como poeta e diplomata Vinicius morou em muitos lugares: Los Angeles, Nova York, Paris, Montevidéu, Londres e no Rio de Janeiro. Em 1957 começou a parceria com Tom Jobim, na peça de teatro *Orfeu da Conceição*. Tom, João Gilberto e Vinicius foram os principais inventores da bossa nova, mas Vinicius fez letras e compôs canções com muitos parceiros — de novo, de todos os tipos. Continuou escrevendo poesia para adultos e crianças (*A arca de Noé*), teatro e crônicas, inclusive muitas de cinema, que ele adorava. Casou uma porção de vezes e teve cinco filhos. Morreu em casa, em 1980, mas sua obra continua vivíssima aqui no Brasil e no mundo.

Susana Moraes

Se quiser saber mais sobre Vinicius, visite o site: <www.viniciusdemoraes.com.br>.

Antonio Pecci Filho nasceu em São Paulo, no dia 6 de julho de 1946. Na infância, a mãe o chamava de "meu toquinho de gente". O apelido TOQUINHO acabou pegando — não só na família, mas também na música popular brasileira.

Toquinho começou a se interessar pelo violão logo cedo. Em junho de 1970, aos 24 anos, recebeu um convite de Vinicius de Moraes para acompanhá-lo, ao lado da cantora Maria Creuza, numa série de shows em Buenos Aires. Esse encontro entre Vinicius e Toquinho se prolongaria por onze anos, até a morte do poeta, numa parceria que encantou o Brasil e o mundo: criaram cerca de 120 canções, gravaram em torno de 25 discos no Brasil e no exterior, entre eles *A arca de Noé*, um dos grandes sucessos da MPB para crianças, e atuaram em mais de mil shows em palcos brasileiros, europeus e latino-americanos. Dessa parceria, surgiram sucessos como "Aquarela", "Tarde em Itapuã", "A tonga da mironga do kabuletê" e, é claro, "O poeta aprendiz".

Em 1983, Toquinho lançou mais um trabalho dedicado às crianças: o disco *Casa de brinquedos*. Em 1997, gravou o CD *Herdeiros do futuro*, com músicas de sua autoria e Elifas Andreato, baseadas nos dez direitos universais da criança. Em 1998, recebeu, com Andreato, o Prêmio Apetesp pela "Canção dos direitos da criança", melhor trilha sonora composta para peça infantil. Vive em São Paulo. Para entrar no site de Toquinho, acesse: <www.toquinho.com.br>.

ADRIANA CALCANHOTTO nasceu em Porto Alegre, capital do Rio Grande do Sul, no dia 3 de outubro de 1965. Filha de um baterista e de uma bailarina, iniciou as aulas de violão aos seis anos de idade. Sempre gostou de desenhar e pintar — prazer que a levou a criar as capas de seus discos e também as ilustrações deste livro.

Aos 23 anos mudou-se para o Rio de Janeiro, onde gravou seis discos. Compôs canções com parceiros como Antonio Cicero e Waly Salomão. Fez várias turnês de shows pelo Brasil e em Portugal. Vive no Rio de Janeiro. Para conhecer mais o trabalho de Adriana, visite o site: <www.adrianacalcanhotto.com>.

"DE TODOS NÓS ELE FOI O ÚNICO QUE VIVEU COMO POETA"

CARLOS DRUMMOND DE ANDRADE

A LETRA

ESTA É A LETRA PARA VOCÊ CANTAR OUVINDO A FAIXA KARAOKÊ:

O POETA APRENDIZ

ELE ERA UM MENINO
VALENTE E CAPRINO
UM PEQUENO INFANTE
SADIO E GRIMPANTE
ANOS TINHA DEZ
E ASAS NOS PÉS
COM CHUMBO
    [E BODOQUE
ERA PLIC E PLOC
O OLHAR VERDE-GAIO
PARECIA UM RAIO
PARA TANGERINA
PIÃO OU MENINA
SEU CORPO MORENO
VIVIA CORRENDO
PULAVA NO ESCURO
NÃO IMPORTA QUE MURO

SALTAVA DE ANJO
MELHOR QUE
    [MARMANJO
E DAVA O MERGULHO
SEM FAZER BARULHO
EM BOLA DE MEIA
JOGANDO DE MEIA-DIREITA
    [OU DE PONTA
PASSAVA DA CONTA
DE TANTO DRIBLAR
AMAVA ERA AMAR
AMAVA LEONOR
MENINA DE COR
AMAVA AS CRIADAS
VARRENDO AS ESCADAS
AMAVA AS GURIAS
DA RUA, VADIAS

AMAVA SUAS PRIMAS
COM BEIJOS E RIMAS
AMAVA SUAS TIAS
DE PELES MACIAS
AMAVA AS ARTISTAS
    [DAS CINE-REVISTAS
AMAVA A MULHER
A MAIS NÃO PODER
POR ISSO FAZIA
SEU GRÃO DE POESIA
E ACHAVA BONITA
A PALAVRA ESCRITA
POR ISSO SOFRIA
DE MELANCOLIA
SONHANDO O POETA
QUE QUEM SABE UM DIA
PODERIA SER.